LES PAUVRES

DE LA POLITIQUE

PARIS

IMPRIMERIE DE L. TINTERLIN ET Ce

rue Neuve-des-Bons-Enfants, 3.

LES PAUVRES

DE

LA POLITIQUE

DEUX MOTS D'UN SOLDAT

A M. ÉMILE DE GIRARDIN

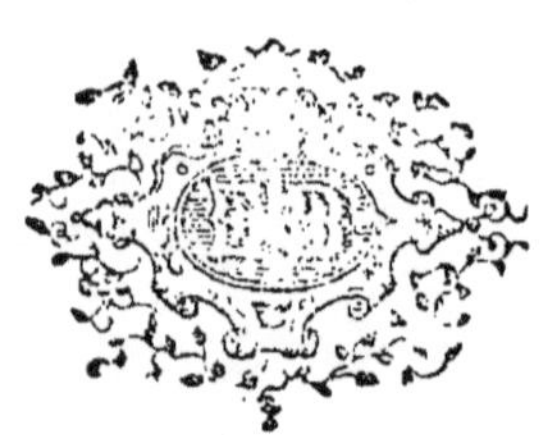

PARIS

E. DENTU, LIBRAIRE-ÉDITEUR

GALERIE D'ORLÉANS, 13, PALAIS-ROYAL.

—

1860

LES PAUVRES

DE LA POLITIQUE

I.

Lorsqu'on se rappelle le ridicule dont une époque récente a couvert les hommes atteints de la manie de mettre le genre humain dans le secret de leurs vertus privées, sociales et politiques, on a peine à croire au retour presque immédiat de semblables pasquinades.

Cependant, il est si cruel de se voir réduit à sa simple expression après avoir cru jouer un rôle sérieux dans le monde, que chaque jour menace de nous apporter une nouvelle preuve de la ténacité de certaines illusions.

Naguère, c'était une noble et touchante infortune

qui venait s'offrir misérablement en holocauste devant l'opinion publique, préférant à l'oubli le sacrifice d'un passé glorieux.

Hier, un grand poëte, dont la politique avait déjà fait le plus triste des insulteurs, touchant une nouvelle corde de sa lyre, poussait vers le nouveau monde un cri lamentable ; on eût dit le cri de l'âme d'un martyr à celle d'un autre martyr, avec cette différence toutefois que l'un payait de sa personne et l'autre de son imagination ; d'un côté, la sanglante réalité ; de l'autre, une puérile fiction dont personne, après l'amnistie, n'oserait plus s'avouer la dupe.

Aujourd'hui, comme hier, comme la veille, c'est encore l'éternel *si j'étais ministre !* du plus infatigable des coureurs de portefeuille.

Demain sans doute, après les maîtres, verrons-nous remonter sur la corde élastique de l'humanité souffrante, la bande grotesque des équilibristes sans balancier.

II.

O poëtes ! chantez le ciel bleu, l'onde amère et la lune argentée ; orateurs, défendez la veuve et l'orphelin ; vous tous, docteurs ès-sciences physiques et morales, offrez-nous, avec la nourriture de l'âme, la guérison des plaies du corps, et laissez-là les affaires de l'État auxquelles vous n'entendez rien, auxquelles vous ne pouvez rien entendre si vous avez rempli convenablement votre mission ; si vous ne l'avez pas fait, arrière ! Cherchez un autre pis aller.

Vous enfin, Monsieur de Girardin, oubliez votre splendeur passée, oubliez que vous avez pu croire à votre génie alors que chacun croyait exclusivement au sien, alors que les pavés en étaient encombrés et les toits assourdis.

Aujourd'hui le diapason du génie a monté, et, comme tous les grands compulseurs qui n'ont jamais le temps d'écouter l'écho de leur propre pensée, M. de Girardin est resté stationnaire, s'il n'a baissé ; car, à son début, il eut, au moins, cette idée que, pour faire du bruit dans le monde, il fallait jeter de la poudre aux yeux des niais. De là ces saccades de style qui font ressembler ses écrits aux dents d'une scie dont le son discordant écorche odieusement les oreilles.

Quelque déplorable qu'elle pût être, cette idée n'en profita pas moins à M. de Girardin, tandis que jamais, peut-être, le vide de son esprit et l'extravagance de son imagination ne s'étaient montrés avec autant d'éclat que dans une de ses dernières publications : *l'Empereur Napoléon III et l'Europe.*

Pauvre M. de Girardin, en être réduit, au déclin de sa carrière, à se servir, pour attaquer les géants, des armes dépareillées dont les pygmées de sa taille avaient à peine ressenti les effets ! Lui était-il donc réservé de rencontrer toujours, à la place du châtiment auquel il demandait une apparence d'homme sérieux, la chute ridicule de l'important évincé !

III.

Quel que puisse être l'acharnement d'un homme à
poursuivre de ses invectives l'institution à laquelle on
se fait gloire d'appartenir, il ne peut jamais être d'un
grand attrait et, particulièrement, il entre peu dans.
nos goûts de dire à cet homme : vous vous êtes cru du
talent, peut-être même, à force d'aplomb, l'avez-vous
fait croire à d'autres; mais tout cela n'est qu'un leurre
ou, tout au moins, l'effet d'une folle illusion; néanmoins, il était indispensable de le constater, afin de ne
pas voir taxer de présomption l'inexpérience de notre
plume, après quoi, nous laisserons de côté le publiciste,
d'autant plus volontiers, qu'en posant aussi carrément
qu'il le fait sa candidature de « grand ministre, destiné à
transfigurer un siècle et à faire mouvoir un monde (1), »
M. de Girardin donne assez de prise à la critique pour
qu'on puisse négliger ses autres infirmités.

(1) *L'Empereur Napoléon III et l'Europe,* page 57.

A l'aide de ce personnage tellement imaginaire, que personne ne songera jamais à le prendre au sérieux, il nous sera loisible, tout en écartant la question de personnalité, de déverser sur le mannequin étiqueté *Monsieur de Girardin, ministre,* toute l'amertume, qu'écrivain, il a répandu sur notre cœur depuis le jour où il s'avisa d'enfourcher le dada sur lequel il n'a plus cessé de nous harceler ; car, il faut le dire, à l'encontre de ceux qui l'accusent de versatilité, rien ne peut ralentir son zèle à ce sujet, ni les splendeurs, ni les misères de ceux qu'il attaque, ni l'admiration, ni le touchant intérêt du peuple auquel il fait injure en espérant le flatter.

Supprimer jusqu'au mot soldat et construire un Panthéon pour les vendeurs, voilà l'idéal de M. de Girardin, et il appelle cela battre en brèche la barbarie et jeter les fondements d'une nouvelle civilisation dont il serait sans doute le dieu et chaque homme d'affaires un prophète.

Il serait temps, cependant, d'en finir avec ces banalités colportées par l'envie, en dépit de l'histoire qui nous montre partout les nations guerrières à la tête du progrès, et fait tomber les peuples dans le marasme, précurseur de l'abâtardissement, aussitôt qu'ils jettent l'épée pour encenser le veau d'or.

Est-ce bien en France, du reste, le pays des Gaulois et des Francs, qu'il convient de prêcher une telle croisade? En France, où la gloire du soldat fut toujours, est et restera longtemps encore, n'en déplaise à ses détracteurs, la plus grande et la plus sympathique de toutes les gloires.

Il est vrai que ce n'est là qu'un vain mot aux yeux de M. de Girardin, qui juge plus convenable de l'appliquer aux Anglais, pour la haute protection et les nobles triomphes qu'ils prodiguaient naguère au plus lâche des assassins.

IV

Quoi qu'il en soit, chacun peut être libre d'interpréter les mots à sa façon; mais personne n'osera contester que, partout où le soldat de la France a planté son étendard victorieux, il a laissé l'empreinte non-seulement d'une vaillance à toute épreuve, mais encore de qualités éminemment civilisatrices.

Partout où le vendeur, qu'il s'appelle Juif, Anglais,

Français ou tout autre, a prononcé le nom de sa nation, il l'a fait prendre en horreur.

En conséquence, si M. de Girardin veut nous amener à partager son enthousiasme pour le trafic, qu'il s'occupe d'abord de le moraliser.

Toute institution sans moralité doit périr ou tuer le système qui la prend pour base. Chaque page de l'histoire nous en offre un exemple, et le plus frappant de tous se dessine en ce moment sous nos yeux, celui d'une nation, forte entre les plus fortes, condamnée à trembler toujours et à s'engourdir dans son lâche égoïsme, pour avoir subordonné toutes ses vertus à ses instincts de cupidité.

Que Dieu préserve la France de l'extension exclusive du mercantilisme!

Le vrai parasite des peuples c'est le marchand et non pas le soldat. Celui-ci revient tôt ou tard au travail, celui-là le dédaigne et cause ainsi cette disette de producteurs qu'on ne saurait assez déplorer.

Ce n'est pas le règne du sabre qui empêche l'Algérie de prospérer, comme voudraient le faire croire quelques brouillons qui préfèrent parler le langage de leurs passions que celui de la vérité.

L'Algérie ne prospère pas à cause du détestable esprit qui pousse un trop grand nombre de colons à s'estimer plus heureux et surtout plus honorés d'être débitants que cultivateurs.

Ce n'est pas le règne du sabre qui force l'Amérique à maintenir l'esclavage, pas plus que ne le feront abolir les théories des exploiteurs du mot liberté.

C'est très-bien de critiquer en pareille matière ; pour une phrase, les badauds vous appellent philanthrope et vous voilà posé ; mais cela ne cultive pas les champs et, pour jouir de ses millions, il faut d'abord pouvoir exister.

Aux temps où l'épée était l'instrument principal de l'ambition, on y regardait à deux fois avant de quitter son sillon ; mais, aujourd'hui, quel frein aurez-vous contre la fièvre d'argent, si ce n'est la banqueroute ? et vous cherchez à la protéger.

Lorsque les chemins de fer auront familiarisé le paysan avec le mouvement, lorsque l'appât du gain facile l'aura détaché du sol, de quel droit lui direz-vous : « Reste-là pour toujours inhérent à la glèbe ! »

Est-ce du droit que donnerait au riche votre liberté absolue de faire esclave le pauvre ? Avouez-le donc une bonne fois et qu'il n'en soit plus question.

Pour traiter le soldat de parasite, il faut nier impudemment l'influence et la grandeur dont la France lui est redevable ; mais qu'importe à ceux qui ont le triste courage de lui reprocher ce phénomène d'économie nutritive au moyen duquel on parvient à peu près à le soutenir, jusqu'au moment de le transformer en héros !

Le parasite est celui qui, sans rien faire, prélève une dîme sur chaque produit et ne cesse jamais d'entasser.

Nous dira-t-on en quoi l'or qu'il soutire à chacun, pour l'enfouir dans son coffre-fort, peut servir à la prospérité de tous ? Non.

On nous dira, comme toujours : Voyez l'Angleterre !

Nous l'avons vue, cette Angleterre, qu'un héros italien, — singulièrement vanté, — nomme, avec autant de complaisance pour elle que d'ingratitude envers la France, le bouclier de la civilisation.

Nous l'avons vu, non pas dans vos livres, mais en réalité, ce grand nid de misères où n'existe entre le fouet et la chair de l'homme libre que l'épaisseur de quelques shellings. Aussi, ne craindrons-nous pas d'avouer hautement notre prédilection pour la morale de la légende qui fixe le maximum de revenu du juif maudit. Possède, mais dépense ; voilà le plus cruel châtiment qu'on pût infliger au ramasseur insatiable ; mais il ne s'agit plus pour lui de châtiment. Chacun, au contraire, est à ses pieds ; non pas qu'il se soit amendé,

mais la somme modique a rendu ces fortunes scanda-
leuses qui ne tarderont pas à tout absorber, à moins
que les peuples, comme nos anciens rois, ne finissent
par y mettre bon ordre.

Que M. de Girardin trouve moral de laisser, entre
le producteur et le consommateur, cette sangsue toujours prête à sucer et, par conséquent, à empêcher le
luxe de l'un de diminuer les privations de l'autre, libre
à lui ; notre devoir à nous est de constater que la grandeur commerciale qu'il s'évertue à préconiser, n'est
autre chose que l'avénement prédit aux enfants d'Israël ;
c'est-à-dire la plus grande misère et la dernière honte
que puisse subir l'humanité.

V.

L'armée dédaigne de relever certaines attaques,
et peut-être, en principe, a-t-elle raison ; mais elle
a tort dans la pratique ; témoin l'affaissement moral dans lequel l'avaient fait tomber quelques années
d'humiliation, et dont elle a grand'peine à se relever.

Est-ce donc qu'elle n'en aurait pas assez chèrement
acheté le droit, ou bien est-ce parce qu'il se trouve encore, dans la presse, des Girardin, et, à la Chambre,
des Ollivier qui semblent ignorer que nous ne sommes
plus au temps des petits grands hommes de coterie, et
que les Émile de la politique sont cotés au même taux
que les Arthur du sentiment?

Le silence est une belle arme, mais c'est une arme
de dupe.

Partout où l'envie cherche à mordre, il faut tout
faire pour l'écraser. L'envie est fille de la médiocrité,
dont le rôle consiste à nier et à saper toute grandeur.

Qui n'a pas confiance en soi-même affecte volontiers
de ne croire à rien.

De là, le scepticisme, masque commode derrière lequel s'abritent ceux qui se font esprits forts pour se dis-
penser d'avoir de l'esprit.

De là le succès des détracteurs. Aussi, chacun dénigre et pas un n'ose admirer.

Avisez-vous donc, dans un milieu pour qui le désin-
téressement est un vice, de louer une belle action ou
d'approuver un sentiment élevé !

Avisez-vous seulement d'émettre l'opinion publique
lorsqu'elle est favorable !

Dénoncé comme un homme vénal, vous serez bientôt écrasé par une autre opinion qui parle haut, attaque sans cesse, et, par son impudence, arrive parfois à surprendre la bonne foi des naïfs et l'entraînement des exaltés.

VI.

Au premier rang des courtisans de cette opinion factice, brille aujourd'hui, par sa fécondité, M. Émile de Girardin.

Tels moyens, telle fin.

Après avoir en vain tendu son escarcelle à tout venant, d'une main tour à tour humble et menaçante, il lui restait, pour sauver au moins les apparences, à tenter une chute éclatante. Elle n'est que ridicule.

Le voyez-vous, armé de pied en cape et frappant d'estoc et de taille dans sa brochure l'*Empereur Napoléon III et l'Europe!* Que de ruines autour de lui! Seule, la politique de Charlemagne trouve grâce devant son tribunal suprême; quelques rois méritent une mention honorable à cause de leurs alliances ou de leurs successions; quant aux Napoléon!

Le premier était un extravagant qui s'en allait toujours droit devant lui, sans boussole, sans but, et mû par la seule idée de remporter une victoire par jour.

Ainsi parle M. de Girardin, et voilà Napoléon Ier jugé.

Napoléon III l'est encore plus lestement et nous tous avec lui; car nous sommes solidaires, Monsieur de Girardin, nous qui ne renions pas notre nationalité du crime que vous osez imputer à la France, d'avoir abandonné l'Italie après avoir fait appel à son patriotisme (1).

« Soyez soldats, » que nous sachions, n'a jamais eu qu'une signification en français, et toutes vos subtilités ne parviendront pas à la changer.

Or, il existe à Milan, pour les historiens sérieux, des registres d'enrôlement qui ne permettent aucun doute sur cette question.

Autant que tout autre, nous avons personnellement appelé de nos vœux le triomphe de la cause italienne; autant et plus que Monsieur de Girardin, certainement, nous désirons voir répandre les bienfaits de la civilisation; mais de là à faire retomber sur les uns la faute commise par d'autres, il y a loin. Il est bon d'encoura-

(1) *L'Empereur Napoléon III et l'Europe*, page 14.

ger les nobles élans des peuples, rien n'est plus détestable que de flatter leurs faiblesses, car les pires mendiants de suffrages et d'honneurs sont les mendiants du Forum.

VII.

Avec moins de monotonie, de talent et de mauvaise foi qu'un autre faux-aveugle, dont l'enseignement a fait peut-être un grand académicien, mais, à coup sûr, un assez piètre homme d'État ; avec la même rageuse impuissance, M. de Girardin dénigre tout ce qu'il ne veut ou ne peut pas comprendre.

Certes, nous sommes trop bon catholique pour ne pas déplorer les misères de la situation fatale que les événements ont faite au Pape ; nous sommes trop indépendant par caractère et par position, grâce à la liberté qui règne en France pour tous, si quelques-uns en ont trop en d'autres pays, nous sommes trop indépendants, répétons-nous, pour ne pas comprendre les gémissements et même l'irritation extra-évangélique

de nos prélats ; — mais notre cœur s'est douloureuse-
ment serré, lorsque nous avons vu l'Eglise, qui possède
tant de colonnes si fortes et si respectables, accepter,
sans dégoût, l'appui dégradant d'un rhéteur chagrin à
qui le Christ n'eût certainement pas manqué de dire :
Si tu viens à moi pour distiller ton fiel, va-t-en !

Nous rions en lisant le jugement que porte M. de
Girardin sur les affaires d'Orient et d'Italie, comme
nous avons ri naguère en entendant celui de certains
stratégistes de coin du feu, qui s'écriaient, au lende-
main de Solferino : « Quel heureux hasard ! »

Heureux hasard, en effet, que celui qui, pour ré-
pondre à l'attaque si habilement improvisée de l'en-
nemi, met instantanément en ligne une armée de deux
cent mille hommes avec son immense matériel. Hasard
de stratégie, comme la baïonnette française est le hasard de la tactique.

Tout cela est puéril ; passons.

VIII.

On dit que c'est au pied du mur qu'il faut voir le maçon.

Voyons si M. de Girardin y fera meilleure figure qu'au milieu de ses décombres.

Son édifice a pour base la non-intervention absolue, c'est-à-dire le contre-pied de cette parole magnanime :

« La place de la France est partout où il y a une cause juste et civilisatrice à faire prévaloir. »

Prenez garde, M. de Girardin, c'est la honte immédiate et la ruine en perspective que vous nous offrez là.

Le rôle de l'Angleterre est-il donc si brillant que vous n'hésitiez pas à nous proposer de l'imiter, au moment où la question italienne vient de tuer moralement cette puissance déjà si compromise par ses parlements, dont les palinodies ont fait d'un peuple loyal l'emblème de la perfidie.

Il en est des empires comme des hommes.

Malheur à ceux d'entre eux que leur génie ou les cir

constances ont mis au premier rang, et qu'un honteux égoïsme porterait à négliger les nobles devoirs de la solidarité !

IX.

La suite du projet de M. de Girardin est si fantastique, qu'elle rachète en partie, par la gaieté qu'elle inspire, l'odieux de son commencement.

On y voit, en effet, cet industrieux écrivain, devenu grand homme d'État, assisté de ses leudes Bright et Cobden, en train de dicter à l'Europe attentive et charmée les capitulaires de la paix définitive.

Cela se passe à Constantinople, « loin de l'influence mesquine des pays qui croupissent dans la politique du mur mitoyen, » près du Grand Turc, souverain débonnaire, qui ne serait pas fâché, sans doute, de trouver dans l'éloquence de ces messieurs un puissant auxiliaire pour le désarmement de ses bachi-bouzoucks.

Ajoutons « qu'une longue contemplation de la Méditerranée, de la mer Noire et des bouches du Danube, disposerait nos philanthropes à se pénétrer profondément des avantages attachés à la neutralisation de tous les détroits, à la neutralité de toutes les mers, au percement de tous les isthmes et à la libre navigation de tous les fleuves (1). »

Or, « la libre navigation des fleuves implique la « neutralisation des détroits ;

« La neutralisation des détroits implique la neutra-« lité des mers ;

« La neutralité des mers implique la réciprocité des « échanges ;

« La réciprocité des échanges implique la liberté de « consommation ;

« La liberté de consommation implique la suppres-« sion des douanes ;

« La suppression des douanes implique le désarme-« ment européen ;

« Le désarmement européen implique l'abolition de « l'esclavage militaire ;

« L'abolition de l'esclavage militaire implique l'u-« nité de l'Europe ;

(1) *L'Empereur Napoléon III et l'Europe*, page 53.

« L'unité de l'Europe implique le prompt achève-
« ment de tous les travaux pacifiques ;

« Le prompt achèvement de tous les travaux paci-
« fiques implique l'accroissement général de la ri-
« chesse ;

« L'accroissement général de la richesse implique la
« hausse permanente du salaire ;

« La hausse permanente du salaire implique l'exten-
« sion de l'épargne ;

« L'extension de l'épargne implique l'extinction de
« la misère ;

« Enfin, l'extinction de la misère implique la régé-
« nération physique et morale de l'homme (1). »

Dieu, c'est la logique, s'était écrié M. de Girardin
avant d'aligner cette interminable filiation ; il eût été
plus charitable de nous dire sans détour : Dieu, c'est
moi.

Sous la République, on faisait choix d'une femme
superbe pour représenter la déesse Raison ; peut-être,
à cause de ce précédent, trouvera-t-on M. de Girardin
un peu grêle pour l'emploi de Dieu logique ; mais il
faut espérer qu'en travaillant à la régénération phy-

____

(1) *L'Empereur Napoléon III et l'Europe,* page 58.

sique et morale de l'espèce humaine, il ne s'oubliera
pas dans la répartition des bénéfices de sa nouvelle in-
dustrie.

X.

Il paraît « qu'il s'est présenté à l'empereur Napo-
« léon III deux occasions particulièrement favorables
« de faire prévaloir la politique de M. de Girardin.

« Ces deux occasions ont été : le Congrès de Paris
« en 1856, et l'entrevue de Stuttgard en 1857.

« Ces deux occasions ont passé, emportées par des
« préoccupations secondaires et fugitives.

« Une troisième occasion non moins propice s'offre
« de nouveau sous le couvert de l'affaire d'Italie, du
« percement de l'isthme de Suez et de l'expédition de
« l'Espagne contre le Maroc. Laissera-t-on s'enfuir
« devant soi cette troisième occasion qui, peut-être,
« ne se retrouvera plus (1) ?

(1) *L'Empereur Napoléon III et l'Europe*, page 54.

Non, certainement, puisque nous avons enfin trouvé le levier et le point d'appui, le grand ministre et la logique qui sont destinés à remuer le monde.

Ainsi donc, « plus de politique bâtarde, sans dignité et « sans suite, qui ne sait pas ce qu'elle veut, parce qu'elle « n'ose jamais vouloir », et vive M. de Girardin !

Depuis Jupiter, nul ne s'était senti la force de remuer le monde aussi facilement. Aussi, le besoin s'en faisait-il de plus en plus vivement sentir.

Heureusement que nous ne perdrons rien pour avoir attendu.

En vrai soldat qu'il était, Jupiter, pour obtenir ce résultat, employait la menace.

C'est par la douceur que procède M. de Girardin.

Jupiter fronçait le sourcil ; M. de Girardin nous désarme.

C'est moins commode, dira le vulgaire.

Erreur !

XI.

« La liberté des mers étant une liberté initiale » (1), c'est naturellement à Londres que devront s'exécuter les premières évolutions diplomatiques de notre nouveau plénipotentiaire.

Désarmons, Messieurs, dira-t-il aux Anglais; la France vous donne le bon exemple, elle supprime son budget de la guerre et le reporte sur celui de la marine.

A vous, Messieurs, « à neutraliser le détroit de Gi-
« braltar, ainsi que le détroit de Bab-el-Mandeb me-
« nacé par Aden; à restituer à la Turquie Périm, clef
« de la mer Rouge; à désarmer Corfou, clef de l'A-
« driatique, et à démanteler Malte, que vous nous
« avez enlevée et que vous deviez nous rendre au
« traité d'Amiens (2). »

(1) *L'Empereur Napoléon III et l'Europe*, page 44.
(2) *L'Empereur Napoléon III et l'Europe*, page 37.

Admirez la puissance de la logique ! Touchée au vif par cette allocution bien faite pour amener le repentir de ses iniquités passées, tout heureuse, du reste, de pouvoir enfin être agréable à sa bonne alliée la France, l'Angleterre désarme. La contagion gagne l'Europe entière, et le nouveau Céleste-Empire commence.

Vienne, par la suite, une tribu de Tartares, d'Arabes, voire même de nègres armés pour lui dicter sa loi ; qu'importe !

Après nous, le déluge.

Voilà ce qui s'appelle mener rondement une affaire. Cependant, quelques hommes à courte vue, petits esprits imbus de vieux préjugés, s'obstinent à prétendre que l'orgueilleuse Albion ne verrait pas d'un très-bon œil notre agrandissement maritime, et que, malgré son goût prononcé pour l'éloquence, elle ne se laisserait peut-être pas convaincre aussi facilement des avantages inhérents à la démolition des forts maritimes entre lesquels elle tient l'Europe enchaînée.

Pauvres objections, chimériques et dénuées de tout esprit pratique !

Comment supposer, en effet, que le pays placé à l'avant-garde de la liberté puisse repousser les avances de l'inventeur de l'absolue liberté !

Néanmoins, comme en ce monde il faut tout prévoir,

et même l'impossible, M. de Girardin veut bien admettre, pour un instant, l'idée d'une aussi monstrueuse inconséquence.

Que fait-il, le cas échéant ?

Il se transporte, au plus vite, à Saint-Pétersbourg ; et là, comme à Londres, avec ce mépris souverain du génie pour les détours et les ménagements diplomatiques, il déclare que la Grande-Bretagne vient de se rendre indigne de compter parmi les nations civilisées, et somme, en conséquence, la Russie de lui prêter, contre cette puissance, un appui qu'il voudra bien accepter, « à la condition que tous les détroits, à com-
« mencer par celui des Dardanelles, seront neutralisés,
« que toutes les mers seront libres, et qu'il ne pourra
« plus y en avoir une seule de barrée par la portée des
« canons (1). »

Une dernière observation, au risque de nous voir traiter, comme tant d'autres, de routinier obstiné.

La Russie serait sans doute fort aise de voir démolir, dans la puissance anglaise, une des plus formidables barrières qui la séparent de Constantinople ; mais il est permis de douter qu'elle se lance en une telle

____

(1) *L'Empereur Napoléon III et l'Europe,* page 38.

aventure dans le seul but de libérer des mers dont elle ne saurait profiter.

Que deviendrait donc ce pauvre M. de Girardin avec sa logique, si le czar, au lieu de faire des concessions pour prix de son concours, s'avisait, au contraire, d'en demander?

Accepterait-il l'assistance sans les concessions, c'est-à-dire la guerre sans résultat? aurait-il assez de philosophie pour renoncer à remuer le monde et pour se séparer piteusement d'un portefeuille qu'il ne retrouverait certainement jamais; ou bien, ne pouvant être le Charlemagne de la paix et ne voulant pas faillir à son programme de haute politique, déclarerait-il que la France est décidée à reprendre les limites de l'ancien empire d'Occident?

Et alors, que résulterait-il d'une pareille détermination?

Alors on entendrait partir, de tous les coins de l'Europe, un immense éclat de rire, auquel M. de Girardin aurait, sans doute, le soin de ne prêter qu'une oreille distraite, afin de ne pas se voir dans la douloureuse nécessité de mettre un frein au vagabondage absolu de son imagination.

XII.

On ne rit pas en Europe quand Napoléon III parle.

Voilà pourquoi vous n'êtes pas ministre, M. de Girardin ; et si vous espérez plus de l'opinion que du pouvoir, vous avez tort ; car c'en est fait, en France, de la vogue des parodies politiques et sociales.

H. MORVAN.

Paris. Imprimerie de L. TINTERLIN et C*, rue Neuve-des-Bons-Enfants, 3.

www.ingramcontent.com/pod-product-compliance
Lightning Source LLC
Chambersburg PA
CBHW061444050726
47593CB00004B/1461